Astrid Grabe/Andrea Mucha

Stationenlernen in der Grundschule

Satzzeichen und wörtliche Rede in Klasse 3/4

Sechs fix und fertige Stationsläufe

Verlag an der Ruhr

Impressum

Titel
Stationenlernen in der Grundschule
Satzzeichen und wörtliche Rede in Klasse 3/4 – Sechs fix und fertige Stationsläufe

Autorinnen
Astrid Grabe, Andrea Mucha

Titelbildmotiv
Axel Nicolai

Illustrationen
Eva Spanjardt u. a.

Verlag an der Ruhr
Mülheim an der Ruhr
www.verlagruhr.de

Geeignet für die Klassen 3–4

Unser Beitrag zum Umweltschutz:
Wir sind seit 2008 ein ÖKOPROFIT®-Betrieb und setzen uns damit aktiv für den Umweltschutz ein. Das ÖKOPROFIT®-Projekt unterstützt Betriebe dabei, die Umwelt durch nachhaltiges Wirtschaften zu entlasten. Unsere Produkte sind grundsätzlich auf chlorfrei gebleichtes und nach Umweltschutzstandards zertifiziertes Papier gedruckt.

ISBN 978-3-8346-3203-6

Printed in Germany

Inhaltsverzeichnis

Kopiervorlagen

TYPISCHES GEPLAUDER –
Den Redeteil in der wörtlichen Rede kennzeichnen

WETTEIFERN IN BEGLEITUNG –
Den Begleitsatz in der wörtlichen Rede bilden

WER A KENNT, SOLLTE AUCH B KENNEN –
Satzzeichen bei der wörtlichen Rede setzen

IMMER SCHÖN DER REIHE NACH –
Kommasetzung bei der Aufzählung

WISSENSTEST MIT PROFESSOR KOMMA –
Kommasetzung vor „dass", „weil" und „wenn"

GEWUSST MIT WITZ –
Satzzeichensetzen für Profis

Vorwort

Liebe Kollegen*,

auf dem Weg zu einer Normschrift erwerben Ihre Schüler im Laufe der Grundschulzeit auch zunehmend Sicherheit bei der **Verwendung der Satzzeichen**. Geht es zunächst vor allem darum, die Satzschlusszeichen Punkt, Fragezeichen und Ausrufezeichen in einem Satz an richtiger Stelle zu platzieren, erweitern die Kinder ab der 3. Klasse ihr Repertoire: Die eigenen Texte nehmen an Umfang zu und werden zunehmend kriteriengeleitet geschrieben und beurteilt. Dabei kommt der wörtlichen Rede und einfachen Kommaregeln eine besondere Bedeutung zu. Denn mit ihrer Hilfe können die Kinder ihre Texte strukturieren und übersichtlich gestalten.

Die Materialien können **für die Freiarbeit laminiert oder als Kopiervorlage** im Unterricht eingesetzt werden. Unsere Idee war es, das Thema möglichst motivierend umzusetzen, sodass die Kinder das Regelwissen nicht als isolierten Bereich der deutschen Sprache kennenlernen.

Das Material lässt sich unabhängig vom jeweiligen Unterrichtsthema einsetzen. Unsere Motivation lag darin, für die Kinder ansprechendes Übungsmaterial zusammenzustellen, das eine **gezielte Übung auf einem angemessenen Niveau** ermöglicht.

Worum geht es in dieser Mappe?

In dieser Arbeitsmappe haben wir uns darum bemüht, Materialien zusammenzustellen, mit deren Hilfe die Schüler **die wörtliche Rede und erste einfache Kommaregeln üben** können.

Das vorliegende Übungsmaterial kann keinesfalls das Lernen in einem praktischen Zusammenhang ersetzen. Es stellt lediglich eine Hilfe bzw. Ergänzung dar, um die Interpunktionsregeln zu üben und zu vertiefen. Es geht vor allem darum, dass die Kinder zunehmend an **Sicherheit im Umgang mit sprachlichen Mitteln**, sowohl im mündlichen als auch im schriftlichen Sprachgebrauch, gewinnen.

Aus unserer eigenen Erfahrung heraus stellt besonders die **Zeichensetzung bei der wörtlichen Rede** die Schüler vor große Herausforderungen. Eine kleinschrittige Aufschlüsselung dieser Thematik erschien uns daher sinnvoll, um jeweils nur einen Aspekt in den Fokus zu rücken.

* Aus Gründen der besseren Lesbarkeit haben wir in diesem Buch durchgehend die männliche Form verwendet. Natürlich sind damit auch immer Frauen und Mädchen gemeint, also Lehrerinnen, Schülerinnen etc.

Vorwort

Zum Aufbau der Materialien

Die Arbeitsmappe besteht aus **sechs Übungsangeboten**, die sowohl in ihrer Inhaltlichkeit und Methodik als auch im Anspruch ein wenig unterschiedlich sind.

Die Überschriften der verschiedenen Bereiche geben jeweils an, was schwerpunktmäßig geübt wird. Die Mappe enthält **Anleitungs-, Arbeits- und Lösungskarten** zu folgenden Übungsbereichen:

- **den Redeteil in der wörtlichen Rede kennzeichnen**
- **den Begleitsatz in der wörtlichen Rede bilden**
- **Satzzeichen bei der wörtlichen Rede setzen**
- **Kommasetzung bei der Aufzählung**
- **Kommasetzung vor „dass“, „weil“ und „wenn“**
- **Satzzeichen setzen für Profis**

Zu den genannten Bereichen gibt es einen **Arbeits-Pass** für die Hand der Kinder, auf dem die bearbeiteten Aufträge abgehakt werden können. Zudem enthält die Arbeitsmappe sechs **Tipp-Karten**, auf denen noch einmal alle wesentlichen Punkte für das erfolgreiche Setzen der Satzzeichen kurz und übersichtlich zusammengefasst sind.

Wie funktionieren die Übungen?

1. Typisches Geplauder – Den Redeteil in der wörtlichen Rede kennzeichnen

Wie ist die Übung aufgebaut?

In dieser Übung wird das Augenmerk der Kinder auf den gesprochenen Teil der wörtlichen Rede gelenkt. Begleitsatz und Redeteil heben sich dabei anhand von Sprechblasen visuell voneinander ab. Auch der komplette Begleitsatz (inklusive Doppelpunkt) wird bereits vorgegeben, sodass sich die Schüler nur noch auf die korrekte Notation des Redeteils konzentrieren müssen.

... und so geht es:
Die Kinder ordnen berühmten Figuren den für sie zutreffenden Redeteil zu. Sie schreiben den Begleitsatz ab und fügen dann den gesprochenen Teil an, indem sie diesen mit Anführungszeichen abgrenzen. Hierbei wird zunächst nur der vorangestellte Begleitsatz berücksichtigt.
Die Sprechblasentexte lassen sich auch gut zum Lesen mit verteilten Rollen nutzen: Ein Kind liest jeweils den Begleitsatz, ein anderes schlüpft in die Rolle des Sprechers und trägt den Satz mit passender Betonung vor.

2. Wetteifern in Begleitung – Den Begleitsatz in der wörtlichen Rede bilden

Wie ist die Übung aufgebaut?

Hierbei handelt es sich um eine kurze und übersichtliche Unterhaltung. Der Redeteil ist vollständig abgebildet (inklusive Anführungszeichen), um die Aufmerksamkeit auf den Begleitsatz zu lenken. Diesen ergänzen die Schüler durch ein passendes Verb aus dem Wortfeld „sagen“, wobei sie bei Bedarf aus einer Anzahl bereits vorgegebener Wörter wählen können.

Vorwort

... und so geht es:
Die Aufgabe der Kinder besteht darin, den Begleitsatz zu vervollständigen, indem sie einen passenden Begriff aus dem Wortfeld „sagen“ einsetzen und anschließend den Doppelpunkt setzen. Die gewählten Verben dienen gleichzeitig als Signalwörter, da sie häufig einen sich anschließenden Redeteil einleiten. Die Anführungszeichen im Redeteil werden bereits vorgegeben, um den Schülern ein strukturiertes und schrittweises Vorgehen zu ermöglichen.

3. Wer A kennt, sollte auch B kennen – Satzzeichen bei der wörtlichen Rede setzen

Wie ist die Übung aufgebaut?

Bei dieser Übung geht es um die sogenannten Teekesselchen, die sich miteinander unterhalten und die die Kinder anhand des vorgegebenen Dialogs erraten sollen. Im Sinne eines schrittweisen Vorgehens finden sich hier Aufgaben zum vorangestellten, zum nachgeschobenen und zum eingeschobenen Begleitsatz. Der Schwerpunkt liegt dabei allerdings auf dem vorangestellten Begleitsatz, da die anderen beiden Satzarten aufgrund der Komplexität der Zeichensetzung nicht unbedingt für alle Kinder geeignet sind. Die Aufgaben zum nachgeschobenen und eingeschobenen Begleitsatz sind vor allem als Differenzierung für leistungsstarke Kinder gedacht.

... und so geht es:
In dieser Übung werden die beiden vorangegangenen Übungen miteinander kombiniert: Die Kinder lesen den Dialog und setzen nun selbstständig alle Satzzeichen der wörtlichen Rede. Als zusätzliche Hilfe empfiehlt es sich, Redeteil und Begleitsatz vor dem Abschreiben ins Heft mit verschiedenen Farben optisch voneinander abzutrennen. Durch das Erlesen des Textes sollten die Schüler zudem in der Lage sein, die Hinweise zu entschlüsseln und das Teekesselchen zu lösen.

4. Immer schön der Reihe nach! – Kommasetzung bei der Aufzählung

Wie ist die Übung aufgebaut?

Die ausführliche Erarbeitung komplexer Kommaregeln ist sicherlich kein Thema in der Grundschule. Jedoch gibt es einige erste Regeln, die bereits Grundschüler erarbeiten und in ihren eigenen Texten anwenden können. Hierzu gehört z. B. die Kommasetzung bei Aufzählungen. Die zugrundeliegende Regel soll durch die hier angebotenen Aufgaben angebahnt bzw. vertieft werden. Die Kinder lesen hierzu einen Dialog, in dem die Gesprächspartner ihre Erlebnisse aufzählen. Durch den Beitrag des letzten Gesprächspartners erfährt das Gespräch dann eine unerwartete Wende.

... und so geht es:
Die Kinder lesen den Dialog und trennen die aufgezählten Erlebnisse mit einem Komma voneinander ab. Gegebenenfalls ist es hier hilfreich, die eigentliche Aufzählung farblich kennzeichnen zu lassen.

5. Wissenstest mit Professor Komma – Kommasetzung vor „dass, weil und wenn“

Wie ist die Übung aufgebaut?

Die Einleitung eines Nebensatzes durch die Konjunktionen „dass“, „weil“ und „wenn“ kommt häufig in den selbst geschriebenen Texten der Kinder vor und kann daher bereits in der Grundschule thematisiert werden – insbesondere im Hinblick auf leistungsstarke Schüler. In dieser Übung werden Aussagen zu verschiedenen Sachthemen getroffen, die anhand vorgegebener Satzanfänge (inklusive Komma und Konjunktion) von den Kindern bewertet werden sollen.

Vorwort

... und so geht es:
Um eine erste Einordnung der Aussagen vornehmen zu können, kreuzen die Kinder das zutreffende Symbol hinter dem Aussagesatz an. In einem zweiten Schritt verbinden sie die Aussagen mit dem entsprechenden Satzanfang. Hierbei müssen die Schüler die Reihenfolge der einzelnen Satzteile anpassen, was sich aber durchaus über ein intuitives Sprachgefühl bewerkstelligen lässt. Durch die Lösungskarte haben die Kinder die Möglichkeit, ihr Wissen bzw. ihre Einschätzung zu überprüfen.

6. Gewusst mit Witz – Satzzeichen setzen für Profis

Wie ist die Übung aufgebaut?

Diese Übung bietet den Schülern eine abschließende Möglichkeit, ihre Fertigkeiten im Hinblick auf das Setzen von Satzzeichen zusammenfassend anzuwenden. Sollten einige Kinder nicht alle der hier vorkommenden Regeln bearbeitet haben, müssten die Texte noch vor dem Kopieren entsprechend vorbereitet werden. Die Übung umfasst sieben Schulwitze, die komplett ohne Satzzeichen vorgegeben sind. Die Stellen, die mit einem Satzzeichen versehen werden müssen, sind allerdings mit einem Platzhalter versehen. Und auch die Anzahl der einzusetzenden Satzzeichen ist bereits als Hilfestellung vorgegeben.

... und so geht es:
Die Kinder lesen den Text und setzen die fehlenden Satzzeichen an den markierten Stellen ein. Da die Anzahl der einzusetzenden Satzzeichen bereits vorgegeben ist, haben die Kinder die Möglichkeit, bei unschlüssigen Textstellen nach dem Ausschlussprinzip zu arbeiten. In wenigen Fällen sind mehrere Satzzeichen denkbar – meistens handelt es sich hierbei um den Punkt oder das Ausrufezeichen.
Auf der Lösungskarte finden die Schüler einen entsprechenden Vermerk und können ihre Ergebnisse überprüfen. Anschließend schreiben sie den Text ins Heft.

Wie kann die Mappe im Unterricht eingesetzt werden?

Das vorliegende Material lässt sich bereits **ab dem dritten Schuljahr** einsetzen, da die Möglichkeit zur Differenzierung bei der Auswahl der einzelnen Übungen gegeben ist.
Überlegen Sie vorab, welche Übungsform für welchen Schüler angemessen ist, wie weit die Kinder schon sind und welche Übungen sie bereits eigenständig bearbeiten können.
Im Grunde lassen sich die Übungen sehr flexibel in den Unterricht integrieren: Einzelne Materialien können als Kopiervorlagen genutzt werden und lassen sich beispielsweise im Rahmen von **Wochenplan- oder Freiarbeit** nutzen. Auch als **Hausaufgaben** lassen sich die Übungen eventuell einsetzen.

Angelegt ist das Übungsmaterial jedoch als **Kartei**, mit der die Kinder im Rahmen eines Stationslaufs eigenverantwortlich arbeiten können, da eine Eigenkontrolle möglich ist.
In diesem Fall sind folgende **Vorbereitungen** zu treffen: Die Vorteile bei einer Karteiarbeit liegen sicherlich auch in dem geringen Material- und Kopieraufwand. Damit die Karten wieder benutzt werden können, sollten diese entweder laminiert oder (kostengünstiger) in DIN-A5-Klarsichthüllen aufbewahrt werden. Auf diese Weise können die Schüler mit abwischbarem Folienstift/Boardmarker arbeiten.
Der Arbeitspass muss für jedes Kind kopiert werden, während die Tipp-Karten in mehrfacher Ausführung bereitgestellt werden sollten.

Kleiner Tipp:

Viele Klassen führen für den Bereich Sprache ein Regelheft. Benutzt man hierfür kein Heft, sondern einen Schnellhefter, lassen sich dort die Tipp-Karten für die Zeichensetzung (geheftet mit einem Heftstreifen) aufbewahren, sodass sie immer griffbereit sind. Wurden alle Themenbereiche im Unterricht behandelt, haben die Kinder anschließend ein „Rezeptbuch“ zum Setzen der Satzzeichen, das ihnen sicherlich auch in Zukunft nützlich sein wird.

Vorwort

Zur Organisation der Materialien im Unterricht

Wenn Sie das Material als Kartei einsetzen wollen, empfiehlt sich zur Aufbewahrung der einzelnen Karten ein **Karteikasten**. Als kostengünstige Alternative sind aber auch ein kleiner Aktenordner, eine Faltschachtel aus Pappe oder eine Fotobox möglich. Zur übersichtlichen Unterteilung der verschiedenen Übungen lassen sich farbige Pappen (etwas größer als DIN A5 und evtl. laminiert) als Trennwände einsetzen. Damit die Kinder die Arbeitsaufträge nachlesen können, stehen diese noch einmal auf einer gesonderten Karte, die vor der eigentlichen Aufgabe eingeordnet werden kann.

Kleiner Tipp:

Die Übungskarten eines Themenbereichs lassen sich auch gut in separaten DIN-A5-Ordnern aufbewahren. Auf diese Weise wird die Handhabung etwas entzerrt und übersichtlicher.

Bei der Arbeit mit diesem Material wünschen wir Ihnen und Ihrer Klasse viel Spaß!

Astrid Grabe und Andrea Mucha

Kopiervorlagen

Arbeits-Pass

Name: ______________________ **erledigt am:** ________________ **kontrolliert von:** ______________________

		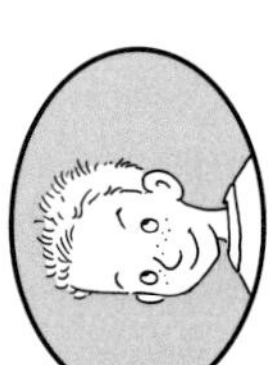			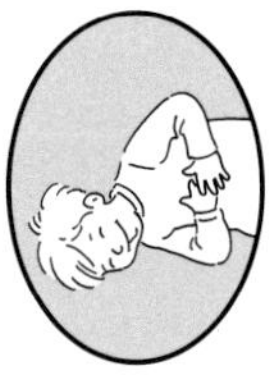
Treffen der Märchenfiguren	Tolle Vögel	„Einfach süß“ trifft „Strahlend hell“	Viel Arbeit für die Arbeit?!	Umweltschutz	Schlaue Fragen
Treffen der Superhelden	Gefüllte Taschen	Kampfgeist trifft auf treue Seele	Ein fantastisches Wochenende	Deutschland	Das ergibt Sinn
Treffen der Comicfiguren	Faules Obst	„Aufgedreht“ trifft „Aufgeweckt“	Neulich in der Geisterbahn	Berühmte Personen	Deutschunterricht
Treffen der Astrid-Lindgren-Figuren	Eingebildete Blumen	„Manchmal nervig“ trifft „Einfach schick“	Ein schicker Auftritt	Tierische Merkmale	Unschuldig
Treffen der tierischen Filmstars	Flotte Hosen	„Königlich“ trifft „Mächtig“	Echte Kunstwerke?!	Fahrzeuge	Schlaue Schüler?!
Treffen berühmter Persönlichkeiten	Brillen mit Durchblick	„Spitzes Grün“ trifft „Silberstich“	Auf der Kirmes	Gute Manieren	Fußball für Anfänger
Treffen der Rekordhalter	Pferdestark	Lange Stiele treffen schnelle Beine	Anstrengende Radtour?!	Mathematik	Gemeinsamkeiten?!

ISBN 978-3-8346-3203-6 | www.verlagruhr.de

Wörtliche Rede – Allgemeines

Die eigentliche wörtliche Rede steht immer in **Anführungszeichen**.
Man unterscheidet drei verschiedene **Satzarten**:
Aussagesatz, Fragesatz und Ausrufesatz.

Zur wörtlichen Rede gehört immer ein **Begleitsatz**, der angibt, **wer** etwas sagt.
Der Begleitsatz kann **vor** oder **nach** der wörtlichen Rede stehen.
Er kann aber auch **eingeschoben** werden und die wörtliche Rede unterbrechen.

ISBN 978-3-8346-3203-6 | www.verlagruhr.de

Vorangestellter Begleitsatz

1. Aussagesatz

Begleitsatz	Aussagesatz
Der Kunde sagt:	„Guten Tag, ich möchte Geld abheben."

2. Fragesatz

Begleitsatz	Fragesatz
Der Kassierer fragt:	„Wie viel Geld möchten Sie abheben?"

3. Ausrufesatz

Begleitsatz	Ausrufesatz
Der Bankräuber ruft:	„Hände hoch, das ist ein Überfall!"

Einen **Doppelpunkt** gibt es nur nach dem vorangestellten Begleitsatz.

ISBN 978-3-8346-3203-6 | www.verlagruhr.de

Nachgestellter Begleitsatz

1. Aussagesatz

Aussagesatz	Begleitsatz
„Guten Tag, ich möchte Geld abheben“,	sagt der Kunde.

2. Fragesatz

Fragesatz	Begleitsatz
„Wie viel Geld möchten Sie abheben?“,	fragt der Kassierer.

3. Ausrufesatz

Ausrufesatz	Begleitsatz
„Hände hoch, das ist ein Überfall!“,	ruft der Bankräuber.

Bei nachgestellten Begleitsätzen fällt beim **Aussagesatz** der Punkt weg.

ISBN 978-3-8346-3203-6 | www.verlagruhr.de

Tipp

Eingeschobener Begleitsatz

1. Aussagesatz

Aussagesatz	Begleitsatz	Aussagesatz
„Guten Tag“,	sagt der Kunde,	„ich möchte Geld abheben.“

2. Fragesatz

Fragesatz	Begleitsatz	Fragesatz
„Wie viel Geld“,	fragt der Kassierer,	„möchten Sie abheben?“

3. Ausrufesatz

Ausrufesatz	Begleitsatz	Ausrufesatz
„Hände hoch“,	ruft der Bankräuber,	„das ist ein Überfall!“

Wird die wörtliche Rede unterbrochen, steht **vor** und **nach** dem Begleitsatz ein Komma.

12
Satzzeichen und wörtliche Rede in Klasse 3/4
© Verlag an der Ruhr | Autorinnen: Astrid Grabe, Andrea Mucha
ISBN 978-3-8346-3203-6 | www.verlagruhr.de

Kommasetzung bei Aufzählungen

Kommas helfen, Sätze klar zu gliedern und besser zu verstehen.
Die Teile einer Aufzählung werden durch ein Komma getrennt.

Trennung von Wörtern:
Die Katze hat kurzes, seidiges, glänzendes Fell.

Trennung von Wortgruppen:
Das Kind ging in sein Zimmer, machte seine Hausaufgaben, räumte auf **und** traf sich mit seinem Freund.

ISBN 978-3-8346-3203-6 | www.verlagruhr.de

Tipp

Kommasetzung zwischen Haupt- und Nebensatz

Hauptsatz und Nebensatz werden durch ein Komma getrennt und oft durch eine **Konjunktion (Bindewort)** verbunden.
Der Nebensatz beginnt dann häufig mit **dass, wenn** oder **weil**:

Ich glaube, **dass** es heute noch regnet.
Wir gehen heute schwimmen, **wenn** die Sonne scheint.
Ich habe Hunger, **weil** ich noch nicht gefrühstückt habe.

Weitere Konjunktionen: wenn, obwohl, während, sobald, nachdem, bevor, indem

13
© Verlag an der Ruhr | Autorinnen: Astrid Grabe, Andrea Mucha
ISBN 978-3-8346-3203-6 | www.verlagruhr.de
Satzzeichen und wörtliche Rede in Klasse 3/4

Typisches Geplauder –

Den Redeteil in der wörtlichen Rede kennzeichnen

So geht es:

1. Wähle eine Karte und lies die Sätze.
2. Ordne den Begleitsätzen die passenden Sprechblasen zu.
3. Schreibe die zusammengehörenden Satzteile auf.
4. Setze den Sprechblasentext in Anführungszeichen.
5. Achte auf die richtigen Satzzeichen.
6. Wenn du nicht weiterweißt, schaue auf der Tipp-Karte „Vorangestellter Begleitsatz“ nach.
7. Kontrolliere mit der Lösungskarte.

15

© Verlag an der Ruhr | Autorinnen: Astrid Grabe, Andrea Mucha
ISBN 978-3-8346-3203-6 | www.verlagruhr.de

Satzzeichen und wörtliche Rede in Klasse 3/4

Treffen der Märchenfiguren

1. Rapunzel fordert:
2. Schneewittchen schimpft:
3. Rotkäppchen jammert:
4. Hänsel und Gretel erklären:
5. Die Bremer Stadtmusikanten wollen wissen:

Lebkuchenhäuser mögen wir eigentlich nur zu Weihnachten.

Ich hätte gern einen modernen Kurzhaarschnitt!

Wer nimmt mit uns eine CD auf?

Ich habe die Nase voll von Äpfeln!

Meine Oma sieht aus wie ein Wolf!

ISBN 978-3-8346-3203-6 | www.verlagruhr.de

TYPISCHES GEPLAUDER – **Den Redeteil in der wörtlichen Rede kennzeichnen**

Treffen der Märchenfiguren – Lösung

1. Rapunzel fordert: „Ich hätte gern einen modernen Kurzhaarschnitt!“
2. Schneewittchen schimpft: „Ich habe die Nase voll von Äpfeln!“
3. Rotkäppchen jammert: „Meine Oma sieht aus wie ein Wolf!“
4. Hänsel und Gretel erklären: „Lebkuchenhäuser mögen wir eigentlich nur zu Weihnachten.“
5. Die Bremer Stadtmusikanten wollen wissen: „Wer nimmt mit uns eine CD auf?“

16
Satzzeichen und wörtliche Rede in Klasse 3/4
© Verlag an der Ruhr | Autorinnen: Astrid Grabe, Andrea Mucha
ISBN 978-3-8346-3203-6 | www.verlagruhr.de

Treffen der Superhelden

1. Superman prahlt:

2. Batman fragt:

3. Hulk grölt:

4. Spiderman schimpft:

5. Ironman stellt klar:

Hat jemand etwas gegen Fledermäuse?!

Ich habe den absoluten Durchblick!

Ich glaube, ich spinne!

Ich bin ein stahlharter Typ!

Ich bin schon ganz grün vor Ärger!

ISBN 978-3-8346-3203-6 | www.verlagruhr.de

TYPISCHES GEPLAUDER – **Den Redeteil in der wörtlichen Rede kennzeichnen**

Treffen der Superhelden – Lösung

1. Superman prahlt: „Ich habe den absoluten Durchblick!"

2. Batman fragt: „Hat jemand etwas gegen Fledermäuse?!"

3. Hulk grölt: „Ich bin schon ganz grün vor Ärger!"

4. Spiderman schimpft: „Ich glaube, ich spinne!"

5. Ironman stellt klar: „Ich bin ein stahlharter Typ!"

17

© Verlag an der Ruhr | Autorinnen: Astrid Grabe, Andrea Mucha
ISBN 978-3-8346-3203-6 | www.verlagruhr.de

Satzzeichen und wörtliche Rede in Klasse 3/4

Treffen der Comicfiguren

1. Dagobert Duck verspricht:
2. Snoopy seufzt:
3. Garfield schnurrt:
4. Micky Maus jubelt:
5. Obelix ruft:

Schlafen und fressen – das ist mein Leben.

Ich bin der Stärkste!

Auf meinen Glückstaler passe ich immer auf.

Was ist denn nun wieder los, Charlie Brown?

Gleich treffe ich mich mit Minnie!

ISBN 978-3-8346-3203-6 | www.verlagruhr.de

Treffen der Comicfiguren – Lösung

1. Dagobert Duck verspricht: „Auf meinen Glückstaler passe ich immer auf."
2. Snoopy seufzt: „Was ist denn nun wieder los, Charlie Brown?"
3. Garfield schnurrt: „Schlafen und fressen – das ist mein Leben."
4. Micky Maus jubelt: „Gleich treffe ich mich mit Minnie!"
5. Obelix ruft: „Ich bin der Stärkste!"

ISBN 978-3-8346-3203-6 | www.verlagruhr.de

Treffen der Astrid-Lindgren-Figuren

1. Pipi Langstrumpf prahlt:
2. Karlsson vom Dach jubelt:
3. Michel stellt fest:
4. Ronja Räubertochter schimpft:
5. Die Brüder Löwenherz versprechen:

Mein Propeller dreht sich wieder schneller!

Scher' dich zum Donnerdrummel!

Wir treffen uns in Nangijala.

Ich bin das stärkste Mädchen der Welt!

Ich sorge für Aufregung in Lönneberga.

ISBN 978-3-8346-3203-6 | www.verlagruhr.de

TYPISCHES GEPLAUDER – **Den Redeteil in der wörtlichen Rede kennzeichnen**

Treffen der Astrid-Lindgren-Figuren – Lösung

1. Pippi Langstrumpf prahlt: „Ich bin das stärkste Mädchen der Welt!"
2. Karlsson vom Dach jubelt: „Mein Propeller dreht sich wieder schneller!"
3. Michel stellt fest: „Ich sorge für Aufregung in Lönneberga."
4. Ronja Räubertochter schimpft: „Scher' dich zum Donnerdrummel!"
5. Die Brüder Löwenherz versprechen: „Wir treffen uns in Nangijala."

© Verlag an der Ruhr | Autorinnen: Astrid Grabe, Andrea Mucha
ISBN 978-3-8346-3203-6 | www.verlagruhr.de

Satzzeichen und wörtliche Rede in Klasse 3/4

Treffen der tierischen Filmstars

1. King Kong brüllt:
2. Black Beauty wiehert:
3. Lassie bellt:
4. Schweinchen Babe grunzt:
5. Flipper lacht:

Ich finde immer den Weg nach Hause!

Ich bin der schönste schwarze Hengst!

Ich bin der größte Gorilla der Welt!

Ich bin der klügste Meeresbewohner!

Ich werde ein Schäferschwein!

ISBN 978-3-8346-3203-6 | www.verlagruhr.de

TYPISCHES GEPLAUDER – **Den Redeteil in der wörtlichen Rede kennzeichnen**

Treffen der tierischen Filmstars – Lösung

1. King Kong brüllt: „Ich bin der größte Gorilla der Welt!“
2. Black Beauty wiehert: „Ich bin der schönste schwarze Hengst!“
3. Lassie bellt: „Ich finde immer den Weg nach Hause!“
4. Schweinchen Babe grunzt: „Ich werde ein Schäferschwein!“
5. Flipper lacht: „Ich bin der klügste Meeresbewohner!“

20

Satzzeichen und wörtliche Rede in Klasse 3/4

© Verlag an der Ruhr | Autorinnen: Astrid Grabe, Andrea Mucha
ISBN 978-3-8346-3203-6 | www.verlagruhr.de

Treffen berühmter Persönlichkeiten

1. Walt Disney stellt fest:
2. Albert Einstein behauptet:
3. Neil Armstrong erklärt:
4. Wolfgang Amadeus Mozart bemerkt:
5. Christoph Kolumbus verkündet:

Ich habe *Die Zauberflöte* komponiert.

Ich war der erste Mensch auf dem Mond.

Ich habe Amerika entdeckt.

Ich bin der Erfinder von Micky Maus.

Alles ist relativ.

ISBN 978-3-8346-3203-6 | www.verlagruhr.de

TYPISCHES GEPLAUDER – **Den Redeteil in der wörtlichen Rede kennzeichnen**

Treffen berühmter Persönlichkeiten – Lösung

1. Walt Disney stellt fest: „Ich bin der Erfinder von Micky Maus."
2. Albert Einstein behauptet: „Alles ist relativ."
3. Neil Armstrong erklärt: „Ich war der erste Mensch auf dem Mond."
4. Wolfgang Amadeus Mozart bemerkt: „Ich habe *Die Zauberflöte* komponiert."
5. Christoph Kolumbus verkündet: „Ich habe Amerika entdeckt."

21

© Verlag an der Ruhr | Autorinnen: Astrid Grabe, Andrea Mucha
ISBN 978-3-8346-3203-6 | www.verlagruhr.de
Satzzeichen und wörtliche Rede in Klasse 3/4

Treffen der Rekordhalter

1. Der Netzpython zischt:
2. Der Gepard faucht:
3. Das Falabella-Pferd wiehert:
4. Die Riesenschildkröte bemerkt:
5. Das Graue Riesenkänguru jubelt:

Ich kann bis zu 120 km/h schnell rennen.

Ich kann bis zu 7 m lang werden.

Ich werde höchstens 86 cm groß.

Ich kann bis zu 13,5 m weit springen!

Ich kann über 200 Jahre alt werden.

ISBN 978-3-8346-3203-6 | www.verlagruhr.de

TYPISCHES GEPLAUDER – **Den Redeteil in der wörtlichen Rede kennzeichnen**

Treffen der Rekordhalter – Lösung

1. Der Netzpython zischt: „Ich kann bis zu 7 m lang werden.“
2. Der Gepard faucht: „Ich kann bis zu 120 km/h schnell rennen.“
3. Das Falabella-Pferd wiehert: „Ich werde höchstens 86 cm groß.“
4. Die Riesenschildkröte bemerkt: „Ich kann über 200 Jahre alt werden.“
5. Das Graue Riesenkänguru jubelt: „Ich kann bis zu 13,5 m weit springen!“

22

Satzzeichen und wörtliche Rede in Klasse 3/4

© Verlag an der Ruhr | Autorinnen: Astrid Grabe, Andrea Mucha
ISBN 978-3-8346-3203-6 | www.verlagruhr.de

Wetteifern in Begleitung –

Den Begleitsatz in der wörtlichen Rede bilden

ISBN 978-3-8346-3203-6 | www.verlagruhr.de

So geht es:

1. Wähle eine Karte und lies die Sätze.
2. Fülle die Lücken mit einem passenden Verb aus dem Wortfeld „sagen“.
3. Setze danach einen Doppelpunkt.
4. Wenn du nicht weiterweißt, schaue auf der Tipp-Karte „Vorangestellter Begleitsatz“ nach.
5. Schreibe die Sätze mit den passenden Satzzeichen ab.
6. Vergleiche mit deinem Partner oder der (Beispiel-)Lösungskarte.

23
Satzzeichen und wörtliche Rede in Klasse 3/4
© Verlag an der Ruhr | Autorinnen: Astrid Grabe, Andrea Mucha
ISBN 978-3-8346-3203-6 | www.verlagruhr.de

Tolle Vögel

1. Die Taube .... „Ich bin der tollste Vogel, denn ich kann Briefe rund um die Welt befördern.“
2. Der Storch .... „Nein, ich bin besser, denn ich fliege jedes Jahr bis nach Afrika.“
3. Die Nachtigall .... „Ich habe aber die schönste Stimme.“
4. Der Strauß .... „Ich habe die längsten Beine.“
5. Der Papagei .... „Und ich habe das bunteste Gefieder.“
6. Der Kolibri .... „Ich kann am schnellsten die Flügel bewegen.“
7. Plötzlich kommt der Star und .... „Der Tollste bin wohl ich, ganz klar! Denn ich bin, was ich bin: der Star!“

Diese Wörter können dir helfen:
zwitschern – krächzen – singen – widersprechen – rufen – feststellen – gurren

ISBN 978-3-8346-3203-6 | www.verlagruhr.de

WETTEIFERN IN BEGLEITUNG – **Den Begleitsatz in der wörtlichen Rede bilden**

Tolle Vögel – mögliche Lösung

1. Die Taube gurrt: „Ich bin der tollste Vogel, denn ich kann Briefe rund um die Welt befördern.“
2. Der Storch widerspricht: „Nein, ich bin besser, denn ich fliege jedes Jahr bis nach Afrika.“
3. Die Nachtigall singt: „Ich habe aber die schönste Stimme.“
4. Der Strauß stellt fest: „Ich habe die längsten Beine.“
5. Der Papagei krächzt: „Und ich habe das bunteste Gefieder.“
6. Der Kolibri zwitschert: „Ich kann am schnellsten die Flügel bewegen.“
7. Plötzlich kommt der Star und ruft: „Der Tollste bin wohl ich, ganz klar! Denn ich bin, was ich bin: der Star!“

24

Satzzeichen und wörtliche Rede in Klasse 3/4

© Verlag an der Ruhr | Autorinnen: Astrid Grabe, Andrea Mucha
ISBN 978-3-8346-3203-6 | www.verlagruhr.de

Gefüllte Taschen

1. Die Kosmetiktasche ………………………………… „Mit dem, was in mir steckt, sorge ich für die Schönheit."
2. Die Aktentasche ………………………………… „Und ich befördere wichtige Dokumente."
3. Die Schultasche ………………………………… „Schulbücher und Hefte machen klug."
4. Die Hosentasche ………………………………… „In mir finden sich manchmal echte Schätze."
5. Die Reisetasche ………………………………… „Mit mir ist man rund um die Welt gut angezogen."
6. Die Sporttasche ………………………………… „Mein Inhalt sorgt für Bewegung."
7. Plötzlich kommt die Apfeltasche und ………………………………… „Ich bin bestimmt die tollste von uns Taschen. Mich kann man einfach schnell vernaschen!"

Diese Wörter können dir helfen: flöten – rufen – murmeln – bemerken – schnaufen – näseln – prahlen

ISBN 978-3-8346-3203-6 | www.verlagruhr.de

WETTEIFERN IN BEGLEITUNG – **Den Begleitsatz in der wörtlichen Rede bilden**

Gefüllte Taschen – mögliche Lösung

1. Die Kosmetiktasche flötet: „Mit dem, was in mir steckt, sorge ich für die Schönheit."
2. Die Aktentasche näselt: „Und ich befördere wichtige Dokumente."
3. Die Schultasche bemerkt: „Schulbücher und Hefte machen klug."
4. Die Hosentasche murmelt: „In mir finden sich manchmal echte Schätze."
5. Die Reisetasche prahlt: „Mit mir ist man rund um die Welt gut angezogen."
6. Die Sporttasche schnauft: „Mein Inhalt sorgt für Bewegung."
7. Plötzlich kommt die Apfeltasche und ruft: „Ich bin bestimmt die tollste von uns Taschen. Mich kann man einfach schnell vernaschen!"

25
© Verlag an der Ruhr | Autorinnen: Astrid Grabe, Andrea Mucha
ISBN 978-3-8346-3203-6 | www.verlagruhr.de
Satzzeichen und wörtliche Rede in Klasse 3/4

Faules Obst

1. Die Himbeere .... „Ach, ich fühl' mich ja so matschig!"
2. Die Weintraube .... „Ich bin so ausgetrocknet und fühle mich langsam wie eine Rosine!"
3. Die Banane .... „Meine Schale ist schon ganz braun!"
4. Die Pflaume .... „Ich fühle mich schon jetzt wie Mus!"
5. Die Birne .... „Ich werde gleich zu Fallobst!"
6. Die Zitrone .... „Ich fühle mich wie ausgequetscht!"
7. Plötzlich kommt der Pferdeapfel und .... „Ach, ihr Lieben, schaut doch hin, wie matschig ich erst bin!"

Diese Wörter können dir helfen:
jammern – meckern – stöhnen – sich beschweren – schimpfen – weinen – seufzen

ISBN 978-3-8346-3203-6 | www.verlagruhr.de

WETTEIFERN IN BEGLEITUNG – **Den Begleitsatz in der wörtlichen Rede bilden**

Faules Obst – mögliche Lösung

1. Die Himbeere jammert: „Ach, ich fühl' mich ja so matschig!"
2. Die Weintraube weint: „Ich bin so ausgetrocknet und fühle mich langsam wie eine Rosine!"
3. Die Banane schimpft: „Meine Schale ist schon ganz braun!"
4. Die Pflaume meckert: „Ich fühle mich schon jetzt wie Mus!"
5. Die Birne beschwert sich: „Ich werde gleich zu Fallobst!"
6. Die Zitrone stöhnt: „Ich fühle mich wie ausgequetscht!"
7. Plötzlich kommt der Pferdeapfel und seufzt: „Ach, ihr Lieben, schaut doch hin, wie matschig ich erst bin!"

26
Satzzeichen und wörtliche Rede in Klasse 3/4
© Verlag an der Ruhr | Autorinnen: Astrid Grabe, Andrea Mucha
ISBN 978-3-8346-3203-6 | www.verlagruhr.de

Eingebildete Blumen

1. Das Gänseblümchen .... „Ach, wie niedlich bin ich anzuschauen!"
2. Der Löwenzahn .... „Niedlich? Pah, ich bin ein echter Verwandlungskünstler!"
3. Das Wiesenschaumkraut .... „Verwandlungskünstler? Pah, mein zartes Lila erfreut jedes Auge!"
4. Die Mohnblume .... „Zartes Lila? Pah, was ist das schon gegen mein leuchtendes Rot?!"
5. Der Klee .... „Wen interessieren schon Farben? Ich bringe Glück!"
6. Plötzlich kommt der Rasenmäher und .... „Oh Mann, was höre ich hier? Ich glaube, diese Wiese gehört jetzt mir!"

Diese Wörter können dir helfen:
säuseln – behaupten – prahlen – erwidern – spotten – rufen

ISBN 978-3-8346-3203-6 | www.verlagruhr.de

Eingebildete Blumen – mögliche Lösung

1. Das Gänseblümchen säuselt: „Ach, wie niedlich bin ich anzuschauen!"
2. Der Löwenzahn erwidert: „Niedlich? Pah, ich bin ein echter Verwandlungskünstler!"
3. Das Wiesenschaumkraut spottet: „Verwandlungskünstler? Pah, mein zartes Lila erfreut jedes Auge!"
4. Die Mohnblume behauptet: „Zartes Lila? Pah, was ist das schon gegen mein leuchtendes Rot?!"
5. Der Klee prahlt: „Wen interessieren schon Farben? Ich bringe Glück!"
6. Plötzlich kommt der Rasenmäher und ruft: „Oh Mann, was höre ich hier? Ich glaube, diese Wiese gehört jetzt mir!"

ISBN 978-3-8346-3203-6 | www.verlagruhr.de

Flotte Hosen

1. Die Jeans .... „Puh, ist das langweilig, an dieser Leine herumzuhängen!“
2. Die Turnhose .... „Ich könnte wirklich etwas Bewegung vertragen.“
3. Die Unterhose .... „Genau, es könnte ruhig ein wenig drunter und drüber gehen.“
4. Die Skihose .... „Es wäre toll, wenn es ein wenig auf und ab ginge.“
5. Die Latzhose .... „Wenn es wenigstens ein wenig wehen würde!“
6. Die Strumpfhose .... „Dann könnte ich mir die Beine vertreten.“
7. Plötzlich kommt die Windhose und .... „He, euch ist langweilig auf dieser Leine? Jetzt komm' ich und mach' euch Beine!“

Diese Wörter können dir helfen:
zustimmen – feststellen – seufzen – stöhnen – rufen – sich beklagen – bemerken

ISBN 978-3-8346-3203-6 | www.verlagruhr.de

WETTEIFERN IN BEGLEITUNG – **Den Begleitsatz in der wörtlichen Rede bilden**

Flotte Hosen – mögliche Lösung

1. Die Jeans seufzt: „Puh, ist das langweilig, an dieser Leine herumzuhängen!“
2. Die Turnhose beklagt sich: „Ich könnte wirklich etwas Bewegung vertragen.“
3. Die Unterhose stimmt zu: „Genau, es könnte ruhig ein wenig drunter und drüber gehen.“
4. Die Skihose stellt fest: „Es wäre toll, wenn es ein wenig auf und ab ginge.“
5. Die Latzhose stöhnt: „Wenn es wenigstens ein wenig wehen würde!“
6. Die Strumpfhose bemerkt: „Dann könnte ich mir die Beine vertreten.“
7. Plötzlich kommt die Windhose und ruft: „He, euch ist langweilig auf dieser Leine? Jetzt komm' ich und mach' euch Beine!“

28
Satzzeichen und wörtliche Rede in Klasse 3/4
© Verlag an der Ruhr | Autorinnen: Astrid Grabe, Andrea Mucha
ISBN 978-3-8346-3203-6 | www.verlagruhr.de

Brillen mit Durchblick

1. Die Sonnenbrille ………………………… „Mit mir hat man auch bei Sonnenschein den Durchblick!“
2. Die Taucherbrille ………………………… „Mit mir hat man den Durchblick unter Wasser!“
3. Die Skibrille ………………………… „Mit mir hat man den Durchblick auf der Piste!“
4. Die Schweißerbrille ………………………… „Mit mir hat man den Durchblick in der Werkstatt!“
5. Die Sportbrille ………………………… „Mit mir hat man den Durchblick beim Sport!“
6. Plötzlich kommt die Klobrille und ………………………… „Und wer durch mich schaut, wird mit den tiefsten Abgründen vertraut!“

Diese Wörter können dir helfen:
jubeln – sich freuen – rufen – prahlen – verkünden – schwärmen

ISBN 978-3-8346-3203-6 | www.verlagruhr.de

WETTEIFERN IN BEGLEITUNG – **Den Begleitsatz in der wörtlichen Rede bilden**

Brillen mit Durchblick – mögliche Lösung

1. Die Sonnenbrille prahlt: „Mit mir hat man auch bei Sonnenschein den Durchblick!“
2. Die Taucherbrille schwärmt: „Mit mir hat man den Durchblick unter Wasser!“
3. Die Skibrille ruft: „Mit mir hat man den Durchblick auf der Piste!“
4. Die Schweißerbrille freut sich: „Mit mir hat man den Durchblick in der Werkstatt!“
5. Die Sportbrille jubelt: „Mit mir hat man den Durchblick beim Sport!“
6. Plötzlich kommt die Klobrille und verkündet: „Und wer durch mich schaut, wird mit den tiefsten Abgründen vertraut!“

29

© Verlag an der Ruhr | Autorinnen: Astrid Grabe, Andrea Mucha
ISBN 978-3-8346-3203-6 | www.verlagruhr.de

Satzzeichen und wörtliche Rede in Klasse 3/4

Pferdestark

1. Das Rennpferd …………………………………… „Bin ich nicht unglaublich schnell?“
2. Das Springpferd …………………………………… „Na und? Ich springe über die höchsten Hindernisse!“
3. Das Dressurpferd …………………………………… „Und ich laufe richtig elegant!“
4. Das Kutschpferd …………………………………… „Was wäre eine romantische Hochzeit ohne Kutschfahrt?“
5. Das Wildpferd …………………………………… „Ich genieße meine Freiheit!“
6. Das Arbeitspferd …………………………………… „Keiner ist so stark wie ich!“
7. Plötzlich kommt das Seepferdchen und …………………………………… „Und wer mich reitet, wird rundum nass. Macht das nicht am meisten Spaß?“

Diese Wörter können dir helfen:
tönen – wiehern – behaupten – verkünden – brummen – feststellen – bemerken

ISBN 978-3-8346-3203-6 | www.verlagruhr.de

WETTEIFERN IN BEGLEITUNG – **Den Begleitsatz in der wörtlichen Rede bilden**

Pferdestark – mögliche Lösung

1. Das Rennpferd wiehert: „Bin ich nicht unglaublich schnell?“
2. Das Springpferd bemerkt: „Na und? Ich springe über die höchsten Hindernisse!“
3. Das Dressurpferd behauptet: „Und ich laufe richtig elegant!“
4. Das Kutschpferd brummt: „Was wäre eine romantische Hochzeit ohne Kutschfahrt?“
5. Das Wildpferd stellt fest: „Ich genieße meine Freiheit!“
6. Das Arbeitspferd tönt: „Keiner ist so stark wie ich!“
7. Plötzlich kommt das Seepferdchen und verkündet: „Und wer mich reitet, wird rundum nass. Macht das nicht am meisten Spaß?“

30
Satzzeichen und wörtliche Rede in Klasse 3/4
© Verlag an der Ruhr | Autorinnen: Astrid Grabe, Andrea Mucha
ISBN 978-3-8346-3203-6 | www.verlagruhr.de

Wer A kennt, sollte auch B kennen –

Satzzeichen bei der wörtlichen Rede setzen

ISBN 978-3-8346-3203-6 | www.verlagruhr.de

So geht es:

1. Wähle eine Karte und lies das Gespräch.
2. Markiere den Begleitsatz und den Redeteil in zwei unterschiedlichen Farben.
3. Setze die fehlenden Satzzeichen der wörtlichen Rede ein.
4. Wenn du nicht weiterweißt, schaue auf den Tipp-Karten „Vorangestellter Begleitsatz“, „Eingeschobener Begleitsatz“ und „Nachgestellter Begleitsatz“ nach.
5. Schreibe den Text mit den richtigen Satzzeichen ab.
6. Überlege und schreibe auf: Wer ist A und wer ist B?
7. Kontrolliere mit der Lösungskarte.

31

© Verlag an der Ruhr | Autorinnen: Astrid Grabe, Andrea Mucha
ISBN 978-3-8346-3203-6 | www.verlagruhr.de

Satzzeichen und wörtliche Rede in Klasse 3/4

„Einfach süß“ trifft „Strahlend hell“

A sagt_ _Ich hänge gern herum._

B antwortet_ _Na, das kann ich aber auch!_

A verkündet_ _Ich kann wachsen._

B erwidert_ _Und ich bin so wie ich bin._

A fragt_ _Bin ich nicht süß?_

B meint_ _Dafür bist du nicht so helle wie ich._

A jubelt_ _Ich schmecke lecker!_

B ruft_ _Und ich lasse jeden Raum erstrahlen!_

A möchte wissen_ _Was passiert, wenn wir auf den Boden fallen?_

B verrät_ _Dann gehe ich kaputt._

A jammert_ _Und ich bin Matsche!_

A = ... B = ...

ISBN 978-3-8346-3203-6 | www.verlagruhr.de

„Einfach süß“ trifft „Strahlend hell“ – Lösung

<u>Begleitsatz</u>	<u>Redeteil</u>
A sagt:	„Ich hänge gern herum.“
B antwortet:	„Na, das kann ich aber auch!“
A verkündet:	„Ich kann wachsen.“
B erwidert:	„Und ich bin so wie ich bin.“
A fragt:	„Bin ich nicht süß?“
B meint:	„Dafür bist du nicht so helle wie ich.“
A jubelt:	„Ich schmecke lecker!“
B ruft:	„Und ich lasse jeden Raum erstrahlen!“
A möchte wissen:	„Was passiert, wenn wir auf den Boden fallen?“
B verrät:	„Dann gehe ich kaputt.“
A jammert:	„Und ich bin Matsche!“

A = **Birne (Frucht)** B = **Glühbirne**

ISBN 978-3-8346-3203-6 | www.verlagruhr.de

Kampfgeist trifft auf treue Seele

A bemerkt_ _Ich bin ganz schön sportlich._

B stimmt zu_ _Ich laufe auch sehr gern._

A fragt_ _Hat dir jemand auf die Nase gehauen?_

B verrät_ _Nein, die ist immer so platt._

A gesteht_ _Ich haue anderen auf die Nase._

B sagt_ _Und ich kann bellen und beißen._

A erzählt_ _Ich meine das nicht böse – das ist mein Sport!_

B wundert sich_ _Hast du deswegen diese Handschuhe an?_

A lacht_ _Genau – nur streicheln kann ich dich damit nicht!_

A = ... B = ...

ISBN 978-3-8346-3203-6 | www.verlagruhr.de

WER A KENNT, SOLLTE AUCH B KENNEN – **Satzzeichen bei der wörtlichen Rede setzen**

Kampfgeist trifft auf treue Seele – Lösung

<u>Begleitsatz</u>	<u>Redeteil</u>
A bemerkt:	„Ich bin ganz schön sportlich.“
B stimmt zu:	„Ich laufe auch sehr gern.“
A fragt:	„Hat dir jemand auf die Nase gehauen?“
B verrät:	„Nein, die ist immer so platt.“
A gesteht:	„Ich haue anderen auf die Nase.“
B sagt:	„Und ich kann bellen und beißen.“
A erzählt:	„Ich meine das nicht böse – das ist mein Sport!“
B wundert sich:	„Hast du deswegen diese Handschuhe an?“
A lacht:	„Genau – nur streicheln kann ich dich damit nicht!“

A = **Boxer (Sportler)** B = **Boxer (Hunderasse)**

33

© Verlag an der Ruhr | Autorinnen: Astrid Grabe, Andrea Mucha
ISBN 978-3-8346-3203-6 | www.verlagruhr.de
Satzzeichen und wörtliche Rede in Klasse 3/4

„Aufgedreht“ trifft „Aufgeweckt“

A schimpft_ _Oje, es läuft die ganze Zeit!_
B erklärt_ _Und ich laufe über den Hof._
A schluchzt_ _Kann mich bitte jemand zudrehen?_
B seufzt_ _Ich hoffe, mir dreht keiner den Hals um._
A will wissen_ _Wieso denn das?_
B informiert_ _Ich stehe auf dem Misthaufen und wecke alle frühmorgens._
A antwortet_ _Da bleibe ich doch lieber bei meinem Waschbecken._
B fragt_ _Tropfst du eigentlich immer noch?_
A klagt_ _Ich brauche einen Klempner!_

A = ... B = ...

ISBN 978-3-8346-3203-6 | www.verlagruhr.de

„Aufgedreht“ trifft „Aufgeweckt“ – Lösung

Begleitsatz	Redeteil
A schimpft:	„Oje, es läuft die ganze Zeit!“
B erklärt:	„Und ich laufe über den Hof.“
A schluchzt:	„Kann mich bitte jemand zudrehen?“
B seufzt:	„Ich hoffe, mir dreht keiner den Hals um.“
A will wissen:	„Wieso denn das?“
B informiert:	„Ich stehe auf dem Misthaufen und wecke alle frühmorgens.“
A antwortet:	„Da bleibe ich doch lieber bei meinem Waschbecken.“
B fragt:	„Tropfst du eigentlich immer noch?“
A klagt:	„Ich brauche einen Klempner!“

A = **Wasserhahn** B = **Hahn (Tier)**

ISBN 978-3-8346-3203-6 | www.verlagruhr.de

„Manchmal nervig“ trifft „Einfach schick“

A freut sich_ _Mal sehen, wen ich heute ärgern kann._

B murrt_ _Dein Gebrumm geht einem wirklich auf die Nerven!_

A fragt_ _Und was machst du die ganze Zeit?_

B erklärt_ _Ich hänge jemandem am Hals._

A ruft_ _Ach, da sause ich lieber durch die Lüfte!_

B informiert_ _Die Leute tragen mich bei Festen und Feiern._

A schwärmt_ _Mmh, ich liebe das leckere Essen dort!_

B bemerkt_ _Und danach ruhe ich mich im Kleiderschrank aus._

A verkündet_ _Ich putze jetzt mal meine Flügel._

A = ... B = ...

ISBN 978-3-8346-3203-6 | www.verlagruhr.de

WER A KENNT, SOLLTE AUCH B KENNEN – **Satzzeichen bei der wörtlichen Rede setzen**

„Manchmal nervig“ trifft „Einfach schick“ – Lösung

Begleitsatz	Redeteil
A freut sich:	„Mal sehen, wen ich heute ärgern kann.“
B murrt:	„Dein Gebrumm geht einem wirklich auf die Nerven!“
A fragt:	„Und was machst du die ganze Zeit?“
B erklärt:	„Ich hänge jemandem am Hals.“
A ruft:	„Ach, da sause ich lieber durch die Lüfte!“
B informiert:	„Die Leute tragen mich bei Festen und Feiern.“
A schwärmt:	„Mmh, ich liebe das leckere Essen dort!“
B bemerkt:	„Und danach ruhe ich mich im Kleiderschrank aus.“
A verkündet:	„Ich putze jetzt mal meine Flügel.“

A = **Fliege (Tier)** B = **Fliege (Kleidungsstück)**

35

© Verlag an der Ruhr | Autorinnen: Astrid Grabe, Andrea Mucha
ISBN 978-3-8346-3203-6 | www.verlagruhr.de

Satzzeichen und wörtliche Rede in Klasse 3/4

„Königlich“ trifft „Mächtig“

Bin ich nicht prächtig? _fragt A.
_Ich kann trotzdem auf dich herabschauen entgegnet B.
Hast du mein herrliches Gold gesehen? _will A wissen.
Im Sommer leuchte ich herrlich grün _schwärmt B.
Man trägt mich voller Stolz _prahlt A.
Und ich trage voller Stolz ganz viele Blätter _setzt B entgegen.
Ich bin ein Zeichen für Macht _bemerkt A.
Und ich bin das Zuhause für viele Vögel _erklärt B.
Ich fühle mich einfach königlich! _ruft A.

A = ... B = ...

ISBN 978-3-8346-3203-6 | www.verlagruhr.de

WER A KENNT, SOLLTE AUCH B KENNEN – **Satzzeichen bei der wörtlichen Rede setzen**

„Königlich“ trifft „Mächtig“ – Lösung

Redeteil	Begleitsatz
„Bin ich nicht prächtig?“,	fragt A.
„Ich kann trotzdem auf dich herabschauen“,	entgegnet B.
„Hast du mein herrliches Gold gesehen?“,	will A wissen.
„Im Sommer leuchte ich herrlich grün“,	schwärmt B.
„Man trägt mich voller Stolz“,	prahlt A.
„Und ich trage voller Stolz ganz viele Blätter“,	setzt B entgegen.
„Ich bin ein Zeichen für Macht“,	bemerkt A.
„Und ich bin das Zuhause für viele Vögel“,	erklärt B.
„Ich fühle mich einfach königlich!“,	ruft A.

A = **Krone (Kopfschmuck)** B = **Baumkrone**

36

Satzzeichen und wörtliche Rede in Klasse 3/4

© Verlag an der Ruhr | Autorinnen: Astrid Grabe, Andrea Mucha
ISBN 978-3-8346-3203-6 | www.verlagruhr.de

„Spitzes Grün“ trifft „Silberstich“

Aua, du pikst! _schreit A.

Warum beschwerst du dich? _meckert B.

Stimmt, ich pikse ja selbst _gesteht A.

Mich nimmt man besser vorsichtig in die Hand _rät B.

Ich bleibe einfach hängen _erklärt A.

Und ich pikse in den Stoff _informiert B.

Mich findet man draußen im Wald _erklärt A.

Und du leuchtest so herrlich grün _schmeichelt B.

Dein Silber ist aber auch sehr schön _gibt A zu.

A = ... B = ...

ISBN 978-3-8346-3203-6 | www.verlagruhr.de

WER A KENNT, SOLLTE AUCH B KENNEN – **Satzzeichen bei der wörtlichen Rede setzen**

„Spitzes Grün“ trifft „Silberstich“ – Lösung

Redeteil	Begleitsatz
„Aua, du pikst!“,	schreit A.
„Warum beschwerst du dich?“,	meckert B.
„Stimmt, ich pikse ja selbst“,	gesteht A.
„Mich nimmt man besser vorsichtig in die Hand“,	rät B.
„Ich bleibe einfach hängen“,	erklärt A.
„Und ich pikse in den Stoff“,	informiert B.
„Mich findet man draußen im Wald“,	erklärt A.
„Und du leuchtest so herrlich grün“,	schmeichelt B.
„Dein Silber ist aber auch sehr schön“,	gibt A zu.

A = **Tannennadel** B = **Nähnadel**

© Verlag an der Ruhr | Autorinnen: Astrid Grabe, Andrea Mucha
ISBN 978-3-8346-3203-6 | www.verlagruhr.de
Satzzeichen und wörtliche Rede in Klasse 3/4 37

Lange Stiele treffen schnelle Beine

Ich _schwärmt A_ _bin kunterbunt!_
Ich _verrät B_ _bin ganz schön schnell._
_Du_ _stellt A fest_ _hast Flügel._
Aber _erklärt B_ _fliegen kann ich nicht._
Was _fragt A_ _gefällt dir an mir?_
_Du_ _schmeichelt B_ _duftest wirklich toll._
Ich _schwärmt A_ _bin ein tolles Geschenk!_
Meine Beine _verrät B_ _sind sehr lang._
Ich _fordert A_ _brauche eine Vase!_
Und ich _gesteht B_ _möchte schnell nach Afrika._

A = ... B = ...

ISBN 978-3-8346-3203-6 | www.verlagruhr.de

WER A KENNT, SOLLTE AUCH B KENNEN – **Satzzeichen bei der wörtlichen Rede setzen**

Lange Stiele treffen schnelle Beine – Lösung

Redeteil	Begleitsatz	Redeteil
„Ich“,	schwärmt A,	„bin kunterbunt!“
„Ich“,	verrät B,	„bin ganz schön schnell.“
„Du“,	stellt A fest,	„hast Flügel.“
„Aber“,	erklärt B,	„fliegen kann ich nicht.“
„Was“,	fragt A,	„gefällt dir an mir?“
„Du“,	schmeichelt B,	„duftest wirklich toll.“
„Ich“,	schwärmt A,	„bin ein tolles Geschenk!“
„Meine Beine“,	verrät B,	„sind sehr lang.“
„Ich“,	fordert A,	„brauche eine Vase!“
„Und ich“,	gesteht B,	„möchte schnell nach Afrika.“

A = **Blumenstrauß** B = **Strauß (Vogel)**

38

Satzzeichen und wörtliche Rede in Klasse 3/4

© Verlag an der Ruhr | Autorinnen: Astrid Grabe, Andrea Mucha
ISBN 978-3-8346-3203-6 | www.verlagruhr.de

Immer schön der Reihe nach –

Kommasetzung bei der Aufzählung

ISBN 978-3-8346-3203-6 | www.verlagruhr.de

So geht es:

1. Wähle eine Karte und lies die Unterhaltung.
2. Trenne die aufgezählten Erlebnisse mit einem Komma voneinander ab.
3. Wenn du nicht weiterweißt, schaue auf der Tipp-Karte „Kommasetzung bei Aufzählungen“ nach.
4. Schreibe den Text mit den richtigen Satzzeichen ab.
5. Kontrolliere mit der Lösungskarte.

© Verlag an der Ruhr | Autorinnen: Astrid Grabe, Andrea Mucha
ISBN 978-3-8346-3203-6 | www.verlagruhr.de
Satzzeichen und wörtliche Rede in Klasse 3/4 39

Viel Arbeit für die Arbeit?!

In drei Tagen steht die nächste Mathematikarbeit an …

Max: „Puh! In den nächsten Tagen gibt es viel zu tun. Ich muss mein Heft durchschauen meine Mappe durchsehen fehlende Aufgaben ergänzen neue Aufgaben rechnen das Einmaleins trainieren und Sachaufgaben üben."

Tobi: „Und ich werde mit meiner Mutter meinem Vater meiner Oma meinem Opa meiner Schwester meinem Bruder und mit meiner Tante üben."

Felix: „Also ich werde die nächsten Tage Fußball spielen in die Eisdiele gehen mich mit Freunden treffen ein gutes Buch lesen Basketball spielen und gemütlich auf dem Sofa liegen."

Max und Tobi: „Was?! Wie willst du denn dann eine gute Arbeit schreiben?"

Felix: „Herr Schlauberger hat das Lösungsblatt liegen lassen und ich habe es gefunden."

ISBN 978-3-8346-3203-6 | www.verlagruhr.de

IMMER SCHÖN DER REIHE NACH – **Kommasetzung bei der Aufzählung**

Viel Arbeit für die Arbeit?! – Lösung

In drei Tagen steht die nächste Mathematikarbeit an …

Max: „Puh! In den nächsten Tagen gibt es viel zu tun. Ich muss mein Heft durchschauen, meine Mappe durchsehen, fehlende Aufgaben ergänzen, neue Aufgaben rechnen, das Einmaleins trainieren und Sachaufgaben üben."

Tobi: „Und ich werde mit meiner Mutter, meinem Vater, meiner Oma, meinem Opa, meiner Schwester, meinem Bruder und mit meiner Tante üben."

Felix: „Also ich werde die nächsten Tage Fußball spielen, in die Eisdiele gehen, mich mit Freunden treffen, ein gutes Buch lesen, Basketball spielen und gemütlich auf dem Sofa liegen."

Max und Tobi: „Was?! Wie willst du denn dann eine gute Arbeit schreiben?"

Felix: „Herr Schlauberger hat das Lösungsblatt liegen lassen und ich habe es gefunden."

40

Satzzeichen und wörtliche Rede in Klasse 3/4

© Verlag an der Ruhr | Autorinnen: Astrid Grabe, Andrea Mucha

ISBN 978-3-8346-3203-6 | www.verlagruhr.de

Ein fantastisches Wochenende

Letztes Wochenende ist viel passiert …

Lisa: „Ich war bei meinem Freund. Wir sind auf dem Trampolin gesprungen mit dem Fahrrad gefahren auf den Spielplatz gegangen und haben uns dort mit ein paar anderen Kindern getroffen."

Lena: „Ich hatte Besuch von meiner Tante. Wir haben Kekse gegessen Limo getrunken Spiele gespielt Bilder gemalt Würstchen gegrillt und Stockbrot gebacken."

Anna: „Und ich habe ein besonderes Mädchen kennengelernt. Wir haben gemeinsam ein Pferd gekauft eine Villa geputzt mit den Nachbarskindern gespielt den stärksten Mann der Welt besiegt die Polizei an der Nase herumgeführt und ihren Vater aus der Hand von Piraten befreit."

Lisa und Lena: „Was?! Wie soll das denn gehen?"

Anna: „Ich habe am Wochenende *Pippi Langstrumpf* gelesen!"

ISBN 978-3-8346-3203-6 | www.verlagruhr.de

IMMER SCHÖN DER REIHE NACH – **Kommasetzung bei der Aufzählung**

Ein fantastisches Wochenende – Lösung

Letztes Wochenende ist viel passiert …

Lisa: „Ich war bei meinem Freund. Wir sind auf dem Trampolin gesprungen, mit dem Fahrrad gefahren, auf den Spielplatz gegangen und haben uns dort mit ein paar anderen Kindern getroffen.

Lena: „Ich hatte Besuch von meiner Tante. Wir haben Kekse gegessen, Limo getrunken, Spiele gespielt, Bilder gemalt, Würstchen gegrillt und Stockbrot gebacken."

Anna: „Und ich habe ein besonderes Mädchen kennengelernt. Wir haben gemeinsam ein Pferd gekauft, eine Villa geputzt, mit den Nachbarskindern gespielt, den stärksten Mann der Welt besiegt, die Polizei an der Nase herumgeführt und ihren Vater aus der Hand von Piraten befreit."

Lisa und Lena: „Was?! Wie soll das denn gehen?"

Anna: „Ich habe am Wochenende *Pippi Langstrumpf* gelesen!"

41

© Verlag an der Ruhr | Autorinnen: Astrid Grabe, Andrea Mucha
ISBN 978-3-8346-3203-6 | www.verlagruhr.de

Satzzeichen und wörtliche Rede in Klasse 3/4

Neulich in der Geisterbahn

Tom: „Die Geisterbahn war echt gruselig! Ich habe ein Skelett einen Vampir einen Troll eine schreckliche Hexe einen Mann mit einem Messer und einen Drachen gesehen."

Nils: „Du hast den hässlichen Zauberer den Werwolf das Gespenst den grünen Flaschengeist und die böse Fee vergessen. Die habe ich nämlich auch noch gesehen und die waren furchtbar gruselig!"

Tim: „Also ich habe nur das Skelett den Vampir und den blauen Himmel gesehen."

Nils und Tom: „Nur?! Wieso das denn?"

Tim: „Nach dem Vampir bin ich vor Schreck ohnmächtig geworden und erst draußen wieder aufgewacht."

ISBN 978-3-8346-3203-6 | www.verlagruhr.de

IMMER SCHÖN DER REIHE NACH – **Kommasetzung bei der Aufzählung**

Neulich in der Geisterbahn – Lösung

Tom: „Die Geisterbahn war echt gruselig! Ich habe ein Skelett, einen Vampir, einen Troll, eine schreckliche Hexe, einen Mann mit einem Messer und einen Drachen gesehen."

Nils: „Du hast den hässlichen Zauberer, den Werwolf, das Gespenst, den grünen Flaschengeist und die böse Fee vergessen. Die habe ich nämlich auch noch gesehen und die waren furchtbar gruselig!"

Tim: „Also ich habe nur das Skelett, den Vampir und den blauen Himmel gesehen."

Nils und Tom: „Nur?! Wieso das denn?"

Tim: „Nach dem Vampir bin ich vor Schreck ohnmächtig geworden und erst draußen wieder aufgewacht."

42
Satzzeichen und wörtliche Rede in Klasse 3/4
© Verlag an der Ruhr | Autorinnen: Astrid Grabe, Andrea Mucha
ISBN 978-3-8346-3203-6 | www.verlagruhr.de

Ein schicker Auftritt

Lena: „Wow! Deine schwarze Jeans dein pinkes T-Shirt dein lila Halstuch deine Lederjacke und deine neue Frisur sehen echt super aus.“

Leonie: „Danke! Und ich finde deinen Jeansrock deine weißen Schuhe dein grünes T-Shirt deinen gelben Schal und deine Jeansjacke auch total klasse. Da vorn kommt Nina …“

Lena: „Aber wie sieht sie nur aus?! Sie hat einen braunen Pulli eine braune Hose braune Schuhe eine braune Jacke und einen braunen Schal.“

Leonie: „Das sieht ja furchtbar aus! Was ist passiert?“

Nina: „Auf dem Weg hierhin bin ich über die Wiese gelaufen den Hügel hinabgeklettert an einer Wurzel hängen geblieben und dann kopfüber in eine Matschpfütze gefallen.“

ISBN 978-3-8346-3203-6 | www.verlagruhr.de

IMMER SCHÖN DER REIHE NACH – **Kommasetzung bei der Aufzählung**

Ein schicker Auftritt – Lösung

Lena: „Wow! Deine schwarze Jeans, dein pinkes T-Shirt, dein lila Halstuch, deine Lederjacke und deine neue Frisur sehen echt super aus.“

Leonie: „Danke! Und ich finde deinen Jeansrock, deine weißen Schuhe, dein grünes T-Shirt, deinen gelben Schal und deine Jeansjacke auch total klasse. Da vorn kommt Nina …“

Lena: „Aber wie sieht sie nur aus?! Sie hat einen braunen Pulli, eine braune Hose, braune Schuhe, eine braune Jacke und einen braunen Schal.“

Leonie: „Das sieht ja furchtbar aus! Was ist passiert?“

Nina: „Auf dem Weg hierhin bin ich über die Wiese gelaufen, den Hügel hinabgeklettert, an einer Wurzel hängen geblieben und dann kopfüber in eine Matschpfütze gefallen.“

43

© Verlag an der Ruhr | Autorinnen: Astrid Grabe, Andrea Mucha
ISBN 978-3-8346-3203-6 | www.verlagruhr.de

Satzzeichen und wörtliche Rede in Klasse 3/4

Echte Kunstwerke?!

Till: „Ich habe ein echtes Kunstwerk gemalt! Es zeigt ein Haus einen Garten einen Schmetterling einen Zaun eine Sonne ein paar Wolken und zwei Vögel."

Theo: „Auf meinem Bild sieht man eine Ritterburg drei Ritter zwei Pferde einen Wassergraben eine Zugbrücke und eine rote Fahne.

Emil: „Und auf meinem Bild sieht man vier große Bäume zwei grüne Büsche drei niedliche Hasen zwei putzige Rehe einen kleinen Fuchs und ganz viel buntes Krickelkrakel darüber."

Till und Theo: „Was?! Wieso das denn?"

Emil: „Ich habe einen kleinen Bruder und der hat mein Kunstwerk in die Finger gekriegt."

ISBN 978-3-8346-3203-6 | www.verlagruhr.de

IMMER SCHÖN DER REIHE NACH – **Kommasetzung bei der Aufzählung**

Echte Kunstwerke?! – Lösung

Till: „Ich habe ein echtes Kunstwerk gemalt! Es zeigt ein Haus, einen Garten, einen Schmetterling, einen Zaun, eine Sonne, ein paar Wolken und zwei Vögel."

Theo: „Auf meinem Bild sieht man eine Ritterburg, drei Ritter, zwei Pferde, einen Wassergraben, eine Zugbrücke und eine rote Fahne.

Emil: „Und auf meinem Bild sieht man vier große Bäume, zwei grüne Büsche, drei niedliche Hasen, zwei putzige Rehe, einen kleinen Fuchs und ganz viel buntes Krickelkrakel darüber."

Till und Theo: „Was?! Wieso das denn?"

Emil: „Ich habe einen kleinen Bruder und der hat mein Kunstwerk in die Finger gekriegt."

44

Satzzeichen und wörtliche Rede in Klasse 3/4

© Verlag an der Ruhr | Autorinnen: Astrid Grabe, Andrea Mucha
ISBN 978-3-8346-3203-6 | www.verlagruhr.de

Auf der Kirmes

Finja: „Habt ihr gestern auch so viele Fahrgeschäfte ausprobiert? Ich war im Autoscooter auf dem Riesenrad im Kettenkarussell im Teufelsrad und in der Achterbahn. Und ihr?“

Lars: „Ich war im Kettenkarussell in der Geisterbahn im Spiegellabyrinth im Riesenrad im Fliegenden Teppich und in der Wildwasserbahn.“

Linus: „Ich war in der Schiffschaukel.“

Finja und Lars: „Nur?! Wieso das denn?“

Linus: „Ich habe zuerst ein Würstchen gegessen dann eine Waffel verputzt ein Eis verspeist eine Cola getrunken und danach war ich in der Schiffsschaukel. Mir wurde richtig schlecht und ich musste schnell nach Hause.“

ISBN 978-3-8346-3203-6 | www.verlagruhr.de

IMMER SCHÖN DER REIHE NACH – **Kommasetzung bei der Aufzählung**

Auf der Kirmes – Lösung

Finja: „Habt ihr gestern auch so viele Fahrgeschäfte ausprobiert? Ich war im Autoscooter, auf dem Riesenrad, im Kettenkarussell, im Teufelsrad und in der Achterbahn. Und ihr?“

Lars: „Ich war im Kettenkarussell, in der Geisterbahn, im Spiegellabyrinth, im Riesenrad, im Fliegenden Teppich und in der Wildwasserbahn.“

Linus: „Ich war in der Schiffschaukel.“

Finja und Lars: „Nur?! Wieso das denn?“

Linus: „Ich habe zuerst ein Würstchen gegessen, dann eine Waffel verputzt, ein Eis verspeist, eine Cola getrunken und danach war ich in der Schiffsschaukel. Mir wurde richtig schlecht und ich musste schnell nach Hause.“

45

© Verlag an der Ruhr | Autorinnen: Astrid Grabe, Andrea Mucha
ISBN 978-3-8346-3203-6 | www.verlagruhr.de

Satzzeichen und wörtliche Rede in Klasse 3/4

Anstrengende Radtour?!

Eric: „Gestern bin ich mit meinem neuen Rad gefahren. Ich bin bis zur Schule dann zur Post dann zum Supermarkt dann zum Sportplatz und wieder zurück gefahren. Danach war ich total k.o.!“

Timon: „Ich bin bis zur Post dann zur Turnhalle zum Bäcker zum Sportplatz zur Eisdiele und wieder zurück gefahren. Danach war ich total k.o.!“

Finn: „Ich bin gestern bis zur Eisdiele dann zur Schule dann zur Post zum Supermarkt zum Sportplatz zum Bäcker zur Turnhalle und wieder zurück gefahren. Danach war ich immer noch fit wie ein Turnschuh.“

Eric und Timon: „Was?! Wie geht das denn?“

Finn: „Ich habe mir einfach das E-Bike von meinem Vater ausgeliehen.“

ISBN 978-3-8346-3203-6 | www.verlagruhr.de

IMMER SCHÖN DER REIHE NACH – **Kommasetzung bei der Aufzählung**

Anstrengende Radtour?! – Lösung

Eric: „Gestern bin ich mit meinem neuen Rad gefahren. Ich bin bis zur Schule, dann zur Post, dann zum Supermarkt, dann zum Sportplatz und wieder zurück gefahren. Danach war ich total k.o.!“

Timon: „Ich bin bis zur Post, dann zur Turnhalle, zum Bäcker, zum Sportplatz, zur Eisdiele und wieder zurück gefahren. Danach war ich total k.o.!“

Finn: „Ich bin gestern bis zur Eisdiele, dann zur Schule, dann zur Post, zum Supermarkt, zum Sportplatz, zum Bäcker, zur Turnhalle und wieder zurück gefahren. Danach war ich immer noch fit wie ein Turnschuh.“

Eric und Timon: „Was?! Wie geht das denn?“

Finn: „Ich habe mir einfach das E-Bike von meinem Vater ausgeliehen.“

46
Satzzeichen und wörtliche Rede in Klasse 3/4

© Verlag an der Ruhr | Autorinnen: Astrid Grabe, Andrea Mucha
ISBN 978-3-8346-3203-6 | www.verlagruhr.de

Wissenstest mit Professor Komma –

Kommasetzung vor „dass“, „weil“ und „wenn“

So geht es:

1. Wähle eine Karte und lies die Aussagen.
2. Ordne jeder Aussage die passende Sprechblase zu. Kreuze an.
3. Schreibe die vollständigen Sätze mit den passenden Satzzeichen ab. Achte dabei besonders auf die richtige Kommasetzung.
4. Markiere den Haupt- und den Nebensatz in zwei unterschiedlichen Farben.
5. Wenn du nicht weiterweißt, schaue auf der Tipp-Karte „Kommasetzung zwischen Haupt- und Nebensatz“ nach.
6. Kontrolliere mit der Lösungskarte.

47

© Verlag an der Ruhr | Autorinnen: Astrid Grabe, Andrea Mucha
ISBN 978-3-8346-3203-6 | www.verlagruhr.de

Satzzeichen und wörtliche Rede in Klasse 3/4

Kennst du dich im Umweltschutz aus?

1. Autoabgase sind schädlich für die Umwelt. ☺ ☹
2. Durch Pfandflaschen lässt sich Müll vermeiden. ☺ ☹
3. Elektroautos verursachen schädliche Abgase. ☺ ☹
4. Windräder liefern umweltfreundliche Energie. ☺ ☹
5. Langes Duschen oder Baden hilft beim Wassersparen. ☺ ☹
6. Computer verbrauchen keinen Strom. ☺ ☹
7. Essensreste gehören in die grüne Tonne. ☺ ☹
8. Kaputte Öltanker vergiften die Meerestiere. ☺ ☹

Es ist richtig, dass …

Es ist falsch, dass …

ISBN 978-3-8346-3203-6 | www.verlagruhr.de

WISSENSTEST MIT PROFESSOR KOMMA – **Kommasetzung vor „dass“, „weil“ und „wenn“**

Kennst du dich im Umweltschutz aus? – Lösung

Hauptsatz	Nebensatz
1. Es ist richtig,	dass Autoabgase schädlich für die Umwelt sind.
2. Es ist richtig,	dass sich durch Pfandflaschen Müll vermeiden lässt.
3. Es ist falsch,	dass Elektroautos schädliche Abgase verursachen.
4. Es ist richtig,	dass Windräder umweltfreundliche Energie liefern.
5. Es ist falsch,	dass langes Duschen oder Baden beim Wassersparen hilft.
6. Es ist falsch,	dass Computer keinen Strom verbrauchen.
7. Es ist richtig,	dass Essensreste in die grüne Tonne gehören.
8. Es ist richtig,	dass kaputte Öltanker die Meerestiere vergiften.

48

Satzzeichen und wörtliche Rede in Klasse 3/4

© Verlag an der Ruhr | Autorinnen: Astrid Grabe, Andrea Mucha
ISBN 978-3-8346-3203-6 | www.verlagruhr.de

Kennst du dich mit Deutschland aus?

1. Die Hauptstadt von Deutschland ist Hamburg. ☺ ☹
2. Frankreich ist ein Nachbarland von Deutschland. ☺ ☹
3. Der Nil fließt durch Deutschland. ☺ ☹
4. Deutschland hat 16 Bundesländer. ☺ ☹
5. Der höchste Berg Deutschlands ist die Zugspitze. ☺ ☹
6. Bayern liegt im Norden von Deutschland. ☺ ☹
7. In Berlin steht das Brandenburger Tor. ☺ ☹
8. Der Rhein ist Deutschlands längster Fluss. ☺ ☹

Es ist falsch, dass …

Es ist richtig, dass …

ISBN 978-3-8346-3203-6 | www.verlagruhr.de

WISSENSTEST MIT PROFESSOR KOMMA – **Kommasetzung vor „dass“, „weil“ und „wenn“**

Kennst du dich mit Deutschland aus? – Lösung

Hauptsatz	Nebensatz
1. Es ist falsch,	dass Hamburg die Hauptstadt von Deutschland ist. *(Unsere Hauptstadt ist Berlin.)*
2. Es ist richtig,	dass Frankreich ein Nachbarland von Deutschland ist.
3. Es ist falsch,	dass der Nil durch Deutschland fließt. *(Der Nil ist ein afrikanischer Fluss.)*
4. Es ist richtig,	dass Deutschland 16 Bundesländer hat.
5. Es ist richtig,	dass der höchste Berg Deutschlands die Zugspitze ist. *(Sie ist 2962 m hoch.)*
6. Es ist falsch,	dass Bayern im Norden von Deutschland liegt. *(Bayern liegt im Süden von Deutschland.)*
7. Es ist richtig,	dass in Berlin das Brandenburger Tor steht.
8. Es ist richtig,	dass der Rhein Deutschlands längster Fluss ist.

© Verlag an der Ruhr | Autorinnen: Astrid Grabe, Andrea Mucha
ISBN 978-3-8346-3203-6 | www.verlagruhr.de
Satzzeichen und wörtliche Rede in Klasse 3/4 49

Kennst du dich mit diesen Berühmtheiten aus?

1.	Er wurde 1879 in Ulm geboren.	A L
2.	Er wurde 1452 in Italien geboren.	A L
3.	Er war ein berühmter Physiker.	A L
4.	Er erhielt 1922 den Nobelpreis für Physik.	A L
5.	Er starb in den USA.	A L
6.	Er zeichnete viele Bilder von Maschinen und Gebäuden.	A L
7.	Er malte auch das Gemälde der „Mona Lisa“.	A L
8.	Er starb in Frankreich.	A L

Über **A**lbert Einstein weiß man, dass …

Über **L**eonardo da Vinci weiß man, dass …

ISBN 978-3-8346-3203-6 | www.verlagruhr.de

WISSENSTEST MIT PROFESSOR KOMMA – **Kommasetzung vor „dass“, „weil“ und „wenn“**

Kennst du dich mit diesen Berühmtheiten aus? – Lösung

	Hauptsatz	Nebensatz
1.	Über Albert Einstein weiß man,	dass er 1879 in Ulm geboren wurde.
2.	Über Leonardo da Vinci weiß man,	dass er 1452 in Italien geboren wurde.
3.	Über Albert Einstein weiß man,	dass er ein berühmter Physiker war.
4.	Über Albert Einstein weiß man,	dass er 1922 den Nobelpreis für Physik erhielt.
5.	Über Albert Einstein weiß man,	dass er in den USA starb.
6.	Über Leonardo da Vinci weiß man,	dass er viele Bilder von Maschinen und Gebäuden zeichnete.
7.	Über Leonardo da Vinci weiß man,	dass er auch das Gemälde der „Mona Lisa“ malte.
8.	Über Leonardo da Vinci weiß man,	dass er in Frankreich starb.

50
Satzzeichen und wörtliche Rede in Klasse 3/4
© Verlag an der Ruhr | Autorinnen: Astrid Grabe, Andrea Mucha
ISBN 978-3-8346-3203-6 | www.verlagruhr.de

Kennst du dich mit tierischen Merkmalen aus?

1. Sie haben einen Schnabel. F A
2. Sie haben Federn. F A
3. Sie haben ein Fell. F A
4. Sie legen Eier. F A
5. Sie bringen ihre Jungen lebend zur Welt. F A
6. Sie säugen ihre Jungen. F A
7. Sie brüten ihre Jungen aus. F A
8. Sie haben Zähne. F A

Fledermäuse sind keine Vögel, weil …

Amseln sind Vögel, weil …

ISBN 978-3-8346-3203-6 | www.verlagruhr.de

Kennst du dich mit tierischen Merkmalen aus? – Lösung

Hauptsatz	Nebensatz
1. Amseln sind Vögel,	weil sie einen Schnabel haben.
2. Amseln sind Vögel,	weil sie Federn haben.
3. Fledermäuse sind keine Vögel,	weil sie ein Fell haben.
4. Amseln sind Vögel,	weil sie Eier legen.
5. Fledermäuse sind keine Vögel,	weil sie ihre Jungen lebend zur Welt bringen.
6. Fledermäuse sind keine Vögel,	weil sie ihre Jungen säugen.
7. Amseln sind Vögel,	weil sie ihre Jungen ausbrüten.
8. Fledermäuse sind keine Vögel,	weil sie Zähne haben.

ISBN 978-3-8346-3203-6 | www.verlagruhr.de

Kennst du dich mit diesen Fahrzeugen aus?

1.	Es kann lange Strecken schnell überwinden.	F A
2.	Es schont die Umwelt.	F A
3.	Es braucht keinen großen Parkplatz.	F A
4.	Es hat einen Kofferraum.	F A
5.	Es macht seinen Besitzer fit.	F A
6.	Es bietet Platz für mehrere Personen.	F A
7.	Es verpestet nicht die frische Luft.	F A
8.	Es ist nicht sehr teuer.	F A

Das **F**ahrrad ist eine tolle Erfindung, weil …

Das **A**uto ist eine tolle Erfindung, weil …

ISBN 978-3-8346-3203-6 | www.verlagruhr.de

WISSENSTEST MIT PROFESSOR KOMMA – **Kommasetzung vor „dass“, „weil“ und „wenn“**

Kennst du dich mit diesen Fahrzeugen aus? – Lösung

	Hauptsatz	Nebensatz
1.	Das Auto ist eine tolle Erfindung,	weil es lange Strecken schnell überwinden kann.
2.	Das Fahrrad ist eine tolle Erfindung,	weil es die Umwelt schont.
3.	Das Fahrrad ist eine tolle Erfindung,	weil es keinen großen Parkplatz braucht.
4.	Das Auto ist eine tolle Erfindung,	weil es einen Kofferraum hat.
5.	Das Fahrrad ist eine tolle Erfindung,	weil es seinen Besitzer fit macht.
6.	Das Auto ist eine tolle Erfindung,	weil es Platz für mehrere Personen bietet.
7.	Das Fahrrad ist eine tolle Erfindung,	weil es die frische Luft nicht verpestet.
8.	Das Fahrrad ist eine tolle Erfindung,	weil es nicht sehr teuer ist.

52

Satzzeichen und wörtliche Rede in Klasse 3/4

© Verlag an der Ruhr | Autorinnen: Astrid Grabe, Andrea Mucha
ISBN 978-3-8346-3203-6 | www.verlagruhr.de

Kennst du dich mit guten Manieren aus?

1. Ich bohre in der Nase. ☺ ☹
2. Ich sage „Guten Tag". ☺ ☹
3. Ich wische meine Nase am Ärmel ab. ☺ ☹
4. Ich rülpse laut am Tisch. ☺ ☹
5. Ich schaue meinen Gesprächspartner an. ☺ ☹
6. Ich benutze eine Serviette. ☺ ☹
7. Ich schmatze. ☺ ☹
8. Ich verabschiede mich freundlich. ☺ ☹

Es ist höflich, wenn …

Es ist unhöflich, wenn …

ISBN 978-3-8346-3203-6 | www.verlagruhr.de

Kennst du dich mit guten Manieren aus? – Lösung

Hauptsatz	Nebensatz
1. Es ist unhöflich,	wenn ich in der Nase bohre.
2. Es ist höflich,	wenn ich „Guten Tag" sage.
3. Es ist unhöflich,	wenn ich meine Nase am Ärmel abwische.
4. Es ist unhöflich,	wenn ich laut am Tisch rülpse.
5. Es ist höflich,	wenn ich meinen Gesprächspartner anschaue.
6. Es ist höflich,	wenn ich eine Serviette benutze.
7. Es ist unhöflich,	wenn ich schmatze.
8. Es ist höflich,	wenn ich mich freundlich verabschiede.

ISBN 978-3-8346-3203-6 | www.verlagruhr.de

Kennst du dich mit Mathematik aus?

1. Ich multipliziere 7 mit 8.	> 50 < 50
2. Ich bilde die Summe aus 27 und 24.	> 50 < 50
3. Ich bilde die Quersumme aus 684239.	> 50 < 50
4. Ich subtrahiere 24 von 75.	> 50 < 50
5. Ich addiere 38 und 9.	> 50 < 50
6. Ich bilde das Produkt aus 8 und 6.	> 50 < 50
7. Ich bilde die Differenz aus 95 und 55.	> 50 < 50
8. Ich subtrahiere die Summe aus 12 und 13 von 79.	> 50 < 50

Das Ergebnis ist größer als 50 (> 50), wenn …

Das Ergebnis ist kleiner als 50 (< 50), wenn …

ISBN 978-3-8346-3203-6 | www.verlagruhr.de

Kennst du dich mit Mathematik aus? – Lösung

Hauptsatz | Nebensatz

1. Das Ergebnis ist größer als 50, wenn ich 7 mit 8 multipliziere. *(= 56)*

2. Das Ergebnis ist größer als 50, wenn ich die Summe aus 27 und 24 bilde. *(= 51)*

3. Das Ergebnis ist kleiner als 50, wenn ich die Quersumme aus 684239 bilde. *(= 32)*

4. Das Ergebnis ist größer als 50, wenn ich 24 von 75 subtrahiere. *(= 51)*

5. Das Ergebnis ist kleiner als 50, wenn ich 38 und 9 addiere. *(= 47)*

6. Das Ergebnis ist kleiner als 50, wenn ich das Produkt aus 6 und 8 bilde. *(= 48)*

7. Das Ergebnis ist kleiner als 50, wenn ich die Differenz aus 95 und 55 bilde. *(= 40)*

8. Das Ergebnis ist größer als 50, wenn ich die Summe aus 12 und 13 von 79 subtrahiere. *(= 54)*

ISBN 978-3-8346-3203-6 | www.verlagruhr.de

Gewusst mit Witz –

Satzzeichensetzen für Profis

ISBN 978-3-8346-3203-6 | www.verlagruhr.de

So geht es:

1. Wähle eine Karte und lies den Witz.
2. Setze die fehlenden Satzzeichen an den markierten Stellen im Text ein.
3. Stimmt die Anzahl der verwendeten Satzzeichen? Zähle nach.
4. Wenn du nicht weiterweißt, schaue auf den Tipp-Karten nach.
5. Kontrolliere mit der Lösungskarte.
6. Schreibe den Text mit den richtigen Satzzeichen in dein Heft.

© Verlag an der Ruhr | Autorinnen: Astrid Grabe, Andrea Mucha
ISBN 978-3-8346-3203-6 | www.verlagruhr.de
Satzzeichen und wörtliche Rede in Klasse 3/4 55

Schlaue Fragen

Mark meldet sich in der Schule_

Er fragt_ _Spricht der Stille Ozean eigentlich nie_ _

Lehrer Schlaumeier findet nicht_ dass das eine sinnvolle Frage ist_

Genervt verdreht er die Augen_

Er bittet Mark_ _Frag doch bitte etwas Vernünftiges_ _

Mark hat tatsächlich noch eine weitere Frage_

Er erkundigt sich_ _Woran ist das Tote Meer gestorben_ _

Diese Satzzeichen musst du setzen:

4-mal **.**	2-mal **?**	1-mal **!**	3-mal **:**	1-mal **,**	3-mal **„“**

ISBN 978-3-8346-3203-6 | www.verlagruhr.de

GEWUSST MIT WITZ – **Satzzeichensetzen für Profis**

Schlaue Fragen – Lösung

Mark meldet sich in der Schule.

Er fragt: „Spricht der Stille Ozean eigentlich nie?“

Lehrer Schlaumeier findet nicht, dass das eine sinnvolle Frage ist.

Genervt verdreht er die Augen.

Er bittet Mark: „Frag doch bitte etwas Vernünftiges!“

Mark hat tatsächlich noch eine weitere Frage.

Er erkundigt sich: „Woran ist das Tote Meer gestorben?“

56

Satzzeichen und wörtliche Rede in Klasse 3/4

© Verlag an der Ruhr | Autorinnen: Astrid Grabe, Andrea Mucha

ISBN 978-3-8346-3203-6 | www.verlagruhr.de

Das ergibt Sinn

Jetzt steht Sachunterricht auf dem Stundenplan_

Lehrer Schlauberger möchte sicher sein_ dass die Schüler genug gelernt haben_

Er will wissen_ _Welches Thema haben wir_ _

Die Schüler antworten_ _Wir erforschen unsere Sinne_ _

Lehrer Schlauberger fordert_ _Nennt mir einige Sinne_ _

Paul grinst_ _Unsinn_ Schwachsinn_ Blödsinn …_

Diese Satzzeichen musst du setzen:

3-mal **.**	1-mal **?**	1-mal **!**	4-mal **:**	3-mal **,**	4-mal „“

ISBN 978-3-8346-3203-6 | www.verlagruhr.de

GEWUSST MIT WITZ – **Satzzeichensetzen für Profis**

Das ergibt Sinn – Lösung

Jetzt steht Sachunterricht auf dem Stundenplan.

Lehrer Schlauberger möchte sicher sein, dass die Schüler genug gelernt haben.

Er will wissen: „Welches Thema haben wir?“

Die Schüler antworten: „Wir erforschen unsere Sinne.“

Lehrer Schlauberger fordert: „Nennt mir einige Sinne!“

Paul grinst: „Unsinn, Schwachsinn, Blödsinn …“

57

© Verlag an der Ruhr | Autorinnen: Astrid Grabe, Andrea Mucha
ISBN 978-3-8346-3203-6 | www.verlagruhr.de

Satzzeichen und wörtliche Rede in Klasse 3/4

Deutschunterricht

Der Lehrer möchte den Kindern etwas über die deutsche Grammatik beibringen_
Er sagt_ _Ich gehe_ du gehst_ er geht_ wir gehen …_
Auffordernd schaut er seine Schüler an_
Er möchte wissen_ _Was bedeutet das_ _
Fritzchen meldet sich und antwortet_ _Das bedeutet_
dass jetzt wohl keiner mehr da ist_ _

Diese Satzzeichen musst du setzen:

3-mal **.**	1-mal **?**	3-mal **:**	4-mal **,**	3-mal „“

ISBN 978-3-8346-3203-6 | www.verlagruhr.de

GEWUSST MIT WITZ – **Satzzeichensetzen für Profis**

Deutschunterricht – Lösung

Der Lehrer möchte den Kindern etwas über die deutsche Grammatik beibringen.
Er sagt: „Ich gehe, du gehst, er geht, wir gehen …“
Auffordernd schaut er seine Schüler an.
Er möchte wissen: „Was bedeutet das?“
Fritzchen meldet sich und antwortet: „Das bedeutet,
dass jetzt wohl keiner mehr da ist.“

58 Satzzeichen und wörtliche Rede in Klasse 3/4

© Verlag an der Ruhr | Autorinnen: Astrid Grabe, Andrea Mucha
ISBN 978-3-8346-3203-6 | www.verlagruhr.de

Unschuldig

Hansi sitzt auf seinem Platz_ Der Lehrer betritt die Klasse_ Hansi meldet sich_
Er fragt_ _Darf man bestraft werden_wenn man etwas nicht gemacht hat_ _
Der Lehrer guckt ganz erstaunt_ _Natürlich nicht_ _ _ antwortet er_
Er möchte von Hansi wissen_ _Warum fragst du_ _
Hansi meint_ _Ich frage_ weil ich keine Hausaufgaben gemacht habe_ _

Diese Satzzeichen musst du setzen:

6-mal **.**	2-mal **?**	1-mal **!**	3-mal **:**	3-mal **,**	4-mal „“

ISBN 978-3-8346-3203-6 | www.verlagruhr.de

GEWUSST MIT WITZ – **Satzzeichensetzen für Profis**

Unschuldig – Lösung

Hansi sitzt auf seinem Platz. Der Lehrer betritt die Klasse. Hansi meldet sich.
Er fragt: „Darf man bestraft werden, wenn man etwas nicht gemacht hat?“
Der Lehrer guckt ganz erstaunt. „Natürlich nicht!“, antwortet er.
Er möchte von Hansi wissen: „Warum fragst du?“
Hansi meint: „Ich frage, weil ich keine Hausaufgaben gemacht habe.“

59
© Verlag an der Ruhr | Autorinnen: Astrid Grabe, Andrea Mucha
ISBN 978-3-8346-3203-6 | www.verlagruhr.de
Satzzeichen und wörtliche Rede in Klasse 3/4

Schlaue Schüler?!

Man sieht dem Lehrer an_ dass er eine anstrengende Unterrichtsstunde hinter sich hat_ Müde setzt er sich auf seinen Stuhl_
Eine letzte Frage habe ich noch für heute _ meint er_
Er schaut zu seinen Schülern und fragt_ _Welche vier Worte benutzt ein Schüler am häufigsten_ _ Hanna erwidert_ _Das weiß ich nicht_ _
Richtig _ _ seufzt der Lehrer_

Diese Satzzeichen musst du setzen:

5-mal **.**	1-mal **?**	1-mal **!**	2-mal **:**	3-mal **,**	4-mal „“

ISBN 978-3-8346-3203-6 | www.verlagruhr.de

GEWUSST MIT WITZ – **Satzzeichensetzen für Profis**

Schlaue Schüler?! – Lösung

Man sieht dem Lehrer an, dass er eine anstrengende Unterrichtsstunde hinter sich hat. Müde setzt er sich auf seinen Stuhl.
„Eine letzte Frage habe ich noch für heute“, meint er.
Er schaut zu seinen Schülern und fragt: „Welche vier Worte benutzt ein Schüler am häufigsten?“ Hanna erwidert: „Das weiß ich nicht.“
„Richtig!“, seufzt der Lehrer.

60
Satzzeichen und wörtliche Rede in Klasse 3/4
© Verlag an der Ruhr | Autorinnen: Astrid Grabe, Andrea Mucha
ISBN 978-3-8346-3203-6 | www.verlagruhr.de

Fußball für Anfänger?

Im Erzählkreis fragt der fußballbegeisterte Lehrer_ _Hat jemand von euch
gestern das Fußballspiel gesehen_ _ _Ich war da_ _ meint Rudi_
Der Lehrer fragt_ _Wie ist das Spiel denn ausgegangen_ _
Pünktlich mit dem Abpfiff wie immer _ erwidert Rudi_
Der Lehrer versucht es erneut_ _Wie viele Tore hat es denn gegeben_ _
Rudi schaut den Lehrer verdutzt an_ Er antwortet genervt_
Wie immer, an jedem Spielfeldende eins _

Diese Satzzeichen musst du setzen:

4-mal **.**	3-mal **?**	4-mal **:**	2-mal **,**	6-mal „“

ISBN 978-3-8346-3203-6 | www.verlagruhr.de

GEWUSST MIT WITZ – **Satzzeichensetzen für Profis**

Fußball für Anfänger? – Lösung

Im Erzählkreis fragt der fußballbegeisterte Lehrer: „Hat jemand von euch
gestern das Fußballspiel gesehen?“ „Ich war da“, meint Rudi.
Der Lehrer fragt: „Wie ist das Spiel denn ausgegangen?“
„Pünktlich mit dem Abpfiff wie immer“, erwidert Rudi.
Der Lehrer versucht es erneut: „Wie viele Tore hat es denn gegeben?“
Rudi schaut den Lehrer verdutzt an. Er antwortet genervt:
„Wie immer, an jedem Spielfeldende eins.“

61

© Verlag an der Ruhr | Autorinnen: Astrid Grabe, Andrea Mucha
ISBN 978-3-8346-3203-6 | www.verlagruhr.de

Satzzeichen und wörtliche Rede in Klasse 3/4

Gemeinsamkeiten?!

Fritzi stürmt in das Schulgebäude_ Er sieht nicht_ dass der Schulleiter vor ihm steht_
Fritzi rennt ihn fast um_
Hoppla _ _ ruft der Schulleiter_ Nun schaut er auf seine Uhr_
Zehn Minuten _ schimpft er und zeigt auf die Uhr_ _zu spät_ _
Fritzi nickt verständnisvoll und meint_ _Ich auch_ _

Diese Satzzeichen musst du setzen:

6-mal **.**	2-mal **?**	1-mal **:**	4-mal **,**	4-mal **„“**

ISBN 978-3-8346-3203-6 | www.verlagruhr.de

GEWUSST MIT WITZ – **Satzzeichensetzen für Profis**

Gemeinsamkeiten?! – Lösung

Fritzi stürmt in das Schulgebäude. Er sieht nicht, dass der Schulleiter vor ihm steht.
Fritzi rennt ihn fast um.
„Hoppla!“, ruft der Schulleiter. Nun schaut er auf seine Uhr.
„Zehn Minuten“, schimpft er und zeigt auf die Uhr, „zu spät!“
Fritzi nickt verständnisvoll und meint: „Ich auch.“

62
Satzzeichen und wörtliche Rede in Klasse 3/4
© Verlag an der Ruhr | Autorinnen: Astrid Grabe, Andrea Mucha
ISBN 978-3-8346-3203-6 | www.verlagruhr.de

Medientipps

Bünting, Karl-Dieter:
Grammatik – Alles, was GrundschullehrerInnen wissen müssen, mit CD-ROM.
Kompaktwissen, Schnellinfos von A-Z.
Kopiervorlagen auf CD-ROM.
Verlag an der Ruhr, 2012.
ISBN 978-3-8346-0865-9

Engelhardt, Anja:
30 x Rechtschreibung für 45 Minuten – Klasse 3.
Verlag an der Ruhr, 2015.
ISBN 978-3-8346-2729-2

Grabe, Astrid; Mucha, Andrea:
Erste Satzzeichen in Klasse 2/3.
Sieben fix und fertige Stationsläufe.
Verlag an der Ruhr, 2016.
ISBN 978-3-8346-3105-3

Kohrs, Karl-Walter:
Die wörtliche Rede und ihre Zeichensetzung.
Kopiervorlagen zum intensiven Üben. 3./4. Klasse.
Brigg Pädagogik, 2009.
ISBN 978-3-87101-338-6

Schlak, Silke:
Wörtliche Rede? Kein Problem!
Eine Lernwerkstatt für Klasse 3 und 4.
Lernbiene Verlag, 2013.
ISBN 978-3-86998-871-9

Schwarz, Marion:
Die wörtliche Rede.
Umfassendes Übungsmaterial für die 3./4. Klasse.
Persen Verlag, 2014.
ISBN 978-3-8344-2676-5

Redaktionsteam Verlag an der Ruhr:
Deutsch-Wissen auf einen Blick, Klasse 3/4 (Poster).
Verlag an der Ruhr, 2011.
ISBN 978-3-8346-0867-3

Vetter, Susanna:
Satzzeichen auf Märchenreise, mit CD-ROM.
Eine Lernwerkstatt für Klasse 2–3.
Lernbiene Verlag, 2013.
ISBN 978-3-86998-694-4

Wilkening, Nina:
Grammatik-Spiele für die Grundschule.
Verlag an der Ruhr, 2013.
ISBN 978-3-8346-2313-3